CONDAMNATION

DE

L'AUTRICHE

PAR

UN TRIBUNAL EUROPÉEN

CONDAMNATION

DE

L'AUTRICHE

PAR

UN TRIBUNAL EUROPÉEN

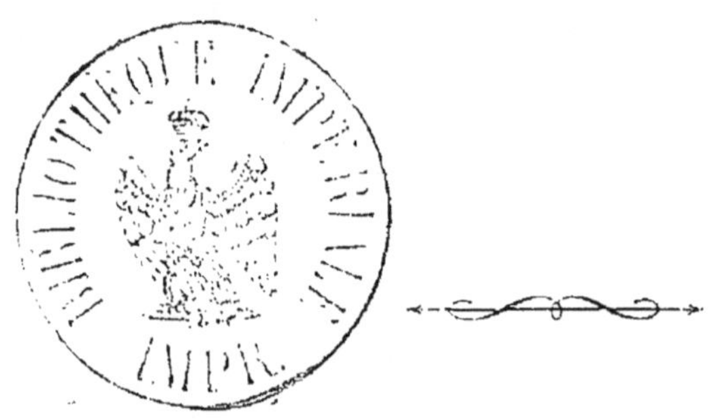

PARIS

E. DENTU, LIBRAIRE-ÉDITEUR

PALAIS-ROYAL, 13, GALERIE D'ORLÉANS

—

1859

A l'heure qu'il est, le canon, cette dernière raison des despotes, va réveiller
dans le cœur de l'Europe toutes les ran-
cunes et toutes les haines qui sommeil-
laient depuis 1815. Les efforts de la di-
plomatie ont été sans résultats. Les
hommes politiques n'ont pu arrêter le
torrent de la guerre, qui va inonder les
peuples. Demain, deux grandes nations
vont croiser le fer, et, par le choc impé-
tueux de leurs armes, nous verrons

s'ébranler tous les trônes séculaires de la vieille Europe.

L'on se demande quelle est la puissance invisible qui tient dans ses mains la destinée des nations? Qui les pousse à la guerre? Quelle est la force morale qui arme les bras des peuples contre leur énergique volonté? Pourquoi l'Europe, qui ne demande et ne veut que la paix, marche-t-elle résolûment au combat?

A toutes ces questions, l'on ne peut répondre que par les faits.

Il y a trois mois que l'opinion publique, en France, s'était prononcée en faveur de la paix de la manière la plus énergique; nous devons dire que les efforts de son gouvernement n'ont cessé de tendre vers ce but ; hier encore , l'on avait l'espoir de voir s'aplanir la dernière difficulté ; aujourd'hui, le doute n'est plus possible : c'est la guerre !

Eh bien ! cette assurance, qui devrait, d'après l'opinion émise, trouver de la part du peuple français une certaine résistance, est accueillie, non pas avec enthousiasme, mais avec ce calme que donne à une grande nation la confiance dans son droit, dans son devoir et dans sa force.

Et l'on remarquera que ce n'est pas seulement en France que s'est opérée cette réaction dans les esprits, mais encore en Angleterre, en Russie, en Prusse, partout ; maintenant, en Europe, l'on sent qu'il ne peut y avoir de solution possible à la question italienne, qu'il ne peut y avoir de sécurité pour les gouvernements, de calme, d'avenir, de progrès en Europe que par la guerre.

Chacun a pris bravement son parti, tous sont prêts pour la grande lutte qui va commencer dans un petit État, et qui, peut-être, enveloppera l'Europe entière d'une ceinture de feu!

Dans une question comme celle qui agite tous les cabinets, rien ne peut être circonscrit ni précisé. Aucune intelligence diplomatique ne peut juger ni prévoir où peut s'arrêter l'élan européen, car ce n'est pas la force matérielle qui va être mise en mouvement, mais bien l'idée morale, que la puissance des baïonnettes ne peut arrêter, qui marche droit devant

elle et arrive, par l'élément révolution-
naire, au cœur des nations.

L'Europe est-elle assez avancée pour
s'assimiler ces idées progressives et libérales? Les peuples sont-ils assez forts,
assez sages, pour changer, sans calamité
pour eux, les constitutions qui les régis-
sent?

Ce sont là de graves questions, qui ne
peuvent être affirmativement résolues ni
par les hommes politiques, ni par les
hommes de la science, quelle que soit la
position officielle qu'ils occupent en Europe, quelle que soit l'opinion à laquelle
ils soient liés.

La destinée des peuples appartient à
l'avenir, et l'avenir n'appartient qu'à

Dieu! Il y aurait donc de la présomption d'affirmer ou de préciser la marche des événements.

Il faut s'en tenir aux faits accomplis, et nous croyons utile de retracer ici, d'une manière succincte, l'historique de la question italienne, non pas en remontant au traité de Vienne du 28 novembre 1844, où les puissances ne crurent pas devoir appeler la France à concourir, ni en 1847, époque à laquelle le duché de Lucques fut réuni à la Toscane; nous ne suivrons pas les phases de la décadence italienne et de la domination autrichienne; nous arriverons tout simplement aux faits diplomatiques qui ont abouti à la guerre qui se prépare.

Il y a à peine quelques mois, la France,

tout en acceptant la large prépondérance qui avait été donnée à l'Autriche sur l'Italie par les traités de 1815, voyait avec peine cette prépondérance tourner au despotisme le plus absolu; elle comprenait que cette oppression, par la force des armes, devait nécessairement entraîner un conflit qui pouvait troubler l'équilibre de l'ordre européen.

Il résulta de cette sage préoccupation du gouvernement français une certaine mésintelligence vis-à-vis de l'Autriche. Les ministres anglais, français et autrichiens reçurent des instructions pour tâcher d'arriver à donner à ces deux puissances une communauté d'opinion et de sentiment.

Tous les efforts furent inutiles, et le

mauvais vouloir de l'Autriche étant de-
venu un fait notoire, l'Angleterre crut devoir offrir ses services amicaux et se poser
comme médiatrice entre la France et
l'Autriche. Il fut convenu que lord Cowley, qui connaissait les sentiments et les
vues du gouvernement français sur la
question, serait envoyé à Vienne.

Pendant que les efforts de lord Cowley
auprès du gouvernement autrichien étaient
infructueux et qu'il était facile, dès lors,
de prévoir que l'on ne pourrait arriver
à une médiation amicale, la Russie émit
l'idée d'un Congrès dans lequel les cinq
grandes puissances tâcheraient de con-
cilier tous les intérêts qui semblaient gra-
vement compromis.

L'Angleterre accepta cette proposition,

en formulant les points qui devraient être discutés dans ce Congrès.

L'évacuation de Rome par les troupes étrangères. — La réforme de l'administration dans les États du pape. — La recherche du meilleur moyen de prévenir une guerre entre l'Autriche et la Sardaigne. — L'examen du meilleur mode d'arrangement des affaires de l'Italie centrale.

A ces quatre conditions de son adhésion à la réunion d'un Congrès, l'Angleterre en ajoutait une cinquième, qui était celle de garantir les traités de 1815 de toute espèce d'atteinte.

Il était bien entendu de la part de l'Angleterre que si l'Autriche n'acceptait la proposition de la Russie qu'à la condition

que la Sardaigne opérerait son désarmement, cette dernière serait protégée contre
une attaque de l'Autriche pendant tout le
temps de la durée du Congrès.

Lorsque ces conditions furent connues
du cabinet de Vienne, le gouvernement
autrichien, s'appuyant sur l'ouverture qui
lui avait été faite, exigea que le désarmement de la Sardaigne fût accompli avant
la réunion du Congrès.

De son côté, la France, qui comprenait
toute la portée d'un désarmement de la
Sardaigne alors qu'une armée formidable
était à ses portes et pouvait l'envahir sans
obstacle, si les délibérations du Congrès
ne pouvaient aboutir, la France, disons-
nous, demanda que cette question du désarmement fût examinée d'abord dans le

Congrès, attendu qu'aucune puissance, même l'Angleterre, ne pouvait, vis-à-vis de la Sardaigne, prendre une si grande responsabilité.

Les notes diplomatiques se succédèrent entre les cinq cabinets, et il fut enfin arrêté par la France, la Russie, l'Angleterre, la Prusse et l'Autriche, que le désarmement serait général. Mais la Sardaigne, que les puissances de premier ordre ne voulaient pas admettre dans le Congrès, malgré les notes de M. de Cavour, qui prétendait que, partie intéressée et belligérante, la Sardaigne avait le droit de discuter ses intérêts, ou tout au moins d'exposer ses motifs en présence de ceux qui s'érigeaient en juges dans leur propre cause, la Sardaigne, disons-nous, ne voulut prendre aucun engagement avant que l'entrée du Congrès ne lui fût accordée, ce qui n'ayant eu lieu, elle refusa de désarmer.

Quant à la question de savoir si la Sardaigne devrait ou ne devrait pas être admise dans le Congrès, nous sommes à cet égard de l'opinion du gouvernement français, qui n'avait fait à son admission aucune résistance.

Il est incontestable que la position de la Sardaigne n'a pas changé depuis la guerre de Crimée, et qu'elle est devenue au contraire, maintenant que son indépendance est menacée, sympathique à toute l'Europe. Elle avait pour elle un précédent et du moment qu'on l'avait admise aux conférences de Paris, alors qu'elle n'était en rien partie intéressée, on ne pouvait admettre qu'Etat italien on lui refusât sa place dans un Congrès où devaient se discuter les intérêts de toute l'Italie?

Les faits s'étaient successivement accomplis dans ces données. Les hommes politiques croyaient à la paix parce qu'ils étaient convaincus qu'aucun gouvernement ne serait assez imprudent pour provoquer la guerre. L'opinion publique, en Europe, repoussait avec énergie ce terrible fléau, et comme, avant tout, les souverains doivent respecter l'opinion de leurs peuples, quelle qu'eût été la marche de la question italienne, on avait l'espoir de voir surgir une solution pacifique.

Le 21 avril, le *Moniteur* contenait la note suivante :

2

« Le gouvernement de Sa Majesté britannique a fait aux quatre puissances les propositions suivantes :

» 1° Qu'on effectuerait au préalable un désarmement général et simultané.

» 2° Que ce désarmement serait réglé par une commission militaire ou civile, indépendante du Congrès. Cette commission serait composée de six commissaires, un pour chacune des cinq puissances, et le sixième pour la Sardaigne.

» 3° Qu'aussitôt que cette commission serait réunie et qu'elle aurait commencé sa tâche, le Congrès se réunirait à son tour et procéderait à la discussion des questions politiques.

» 4° Que les représentants des Etats ita-
liens seraient invités par le Congrès, aussitôt sa réunion, à siéger avec les représentants des cinq grandes puissances,
absolument de la même manière qu'au
Congrès de Laybach, en 1821. »

« La France, la Russie et la Prusse ont
adhéré aux propositions du gouvernement
de Sa Majesté britannique. »

Le lendemain 22, le *Moniteur* annon-
çait :

« L'Autriche n'a pas adhéré à la proposition faite par l'Angleterre et acceptée
par la France, la Russie et la Prusse.

» En outre, il paraîtrait que le cabinet
de Vienne a résolu d'adresser une commu-

nication directe au cabinet de Turin pour obtenir le désarmement de la Sardaigne.

» En présence de ces faits, l'Empereur a ordonné la concentration de plusieurs divisions sur les frontières du Piémont. »

D'après ce que l'on vient de lire, l'espérance d'un arrangement n'était plus admissible, et l'Autriche, par une politique qu'il n'est possible à aucune intelligence de comprendre, va peut-être porter la guerre dans toute l'Europe.

Voilà la position qu'a faite l'Autriche à l'Europe entière, voilà où vont être entraînés, malgré eux, des peuples qui ne désirent et ne demandent que la paix !

Frappés par l'immensité des malheurs

qui semblent menacer l'Europe, nous avons cherché le moyen, sinon d'empêcher la guerre, du moins d'arriver à une protestation de tous les peuples contre la politique d'un gouvernement dont le despotisme est antipathique aux idées libérales d'un siècle tout de calme et de progrès.

Le moyen d'arriver à ce résultat, nous l'avons trouvé dans une *souscription universelle en faveur de la paix*.

Dans tous les pays d'Europe, même en Amérique, ce nouveau monde peuplé par les hommes fuyant la misère et le despotisme que l'Autriche a fait peser sur la majeure partie d'entre eux, une souscription serait ouverte simultanément.

Le produit de cette souscription, qui, en raison de son but et de son étendue, devra produire des sommes considérables, sera offert à l'Autriche comme compensation de l'abandon qu'elle fera de l'Italie.

Il est plus que probable que, malgré l'état déplorable de ses finances et la ruine complète dans laquelle elle doit infailliblement tomber, la fierté de son gouvernement fera refuser cette offre à l'Autriche.

Toutefois, sa politique n'en sera pas moins jugée et condamnée par le nombre immense des souscripteurs puisés dans les peuples de toute l'Europe.

Quant à la politique des divers États, elle sera mise au grand jour, suivant qu'ils accepteront ou repousseront ladite souscription.

Dans le cas de guerre et de refus de l'Autriche, les sommes provenant de la souscription universelle seront offertes a la Sardaigne en témoignage de la sympathie qu'elle s'est acquise dans le monde.

Le mode de souscription sera indiqué par chacun des gouvernements dans les Etats desquels la souscription sera ouverte.

Telle est, selon nous, la seule idée pratique qui peut donner le résultat d'un vote universel sur la question européenne soulevée par l'Autriche. Par ce moyen, chaque gouvernement pourra juger des désirs de son peuple, et l'Autriche ouvrira les yeux devant les ennemis innombrables de sa mauvaise et fausse politique.

L'idée que nous venons d'émettre s'adresse en ce moment plus particulièrement à l'Angleterre, car dans quelques jours les élections vont avoir lieu.

Par l'attitude que le peuple anglais prendra dans la *souscription universelle*, il fera comprendre à son gouvernement vers quel but doit tendre sa politique, et quelle est l'opinion parmi laquelle il doit aller chercher les hommes qui devront former son nouveau ministère.

Le parlement anglais a été dissous parce que les ministres actuels ont cru devoir garder leur portefeuille, alléguant que leur maintien au pouvoir était indispensable au gouvernement anglais pour mener à bonne fin la politique qui seule doit assurer la paix en Europe.

Quelles que soient l'opinion et la pensée du peuple anglais à cet égard, par la *souscription universelle* en faveur de la paix, le pouvoir anglais pourra juger de la volonté de la majorité du peuple de toute la Grande-Bretagne, de quelque côté qu'elle se trouve.

C'est donc principalement en vue de l'Angleterre que nous émettons l'idée de cette *souscription universelle*, attendu que la position tout exceptionnelle dans laquelle vient de la placer la dissolution de son parlement fera de cette souscription une épreuve préparatoire pour ses élections.

De cette épreuve libre et spontanée, devra sortir l'expression de la pensée véritable de l'opinion en Angleterre.

La formation d'un ministère pris en dehors de l'opinion publique mettrait le peuple anglais en opposition constante avec les actes de son gouvernement. Il n'y aurait alors, de la part de ce peuple, l'un des plus libéraux de l'Europe, pas plus d'homogénéité entre ce nouveau cabinet qu'entre celui qui opposa, dans la question moldo-valaque, une résistance systématique, alors que la France, son alliée, soutenait ce peuple dans ses aspirations libérales.

Qu'il y a loin du langage tenu par le général Bentinck, commandant en chef l'armée anglaise, dans la proclamation qu'il adressait aux peuples d'Italie le 14 mars 1814, à celui tenu dans le Parlement, par les ministres anglais, en 1859 !

Il est temps que, par la manifestation spontanée de la _souscription universelle_, le peuple anglais proteste contre cette politique qui, depuis 1815, inspire au monde entier des sentiments peu sympathiques pour son gouvernement.

Les actes qui se sont accomplis dans la politique des cabinets anglais depuis quarante ans, alors que les petits États étaient en guerre les uns contre les autres, ou que l'oppression despotique et tyrannique d'une nation forte pesait sur un peuple asservi par la domination ; ces actes, disons-nous, ont attiré sur les ministres anglais le blâme de toute l'Europe.

Dans toutes les questions d'indépendance et de liberté, les cabinets anglais gardaient une neutralité coupable. Ils attendaient, quand la lutte était commencée, que le faible fût écrasé par le fort; que, frappé dans ses institutions, dans sa fortune et dans sa liberté, perdu, ruiné, anéanti, il n'eût plus ni la puissance, ni la force de repousser le joug qui lui était imposé.

Alors seulement, le gouvernement anglais intervenait et se donnait, aux yeux du monde, un semblant de sentiments humanitaires. Aujourd'hui même, nous entendons sortir de la bouche du duc de Cambridge les paroles suivantes, que l'Europe peut apprécier : — « Alors que d'autres pays sont engagés dans de sérieuses difficultés, nous sommes, nous, décidés

à rester *pacifiques, heureux et satisfaits !* »

Cette politique, continuée jusqu'à ce
jour, devait nécessairement entraîner l'Angleterre à la neutralité vis-à-vis de l'Autriche, alors qu'elle aurait dû, suivant les
vœux de son peuple, marcher, avec la
France, à l'affranchissement de l'Italie.

En agissant ainsi, elle eût évité la guerre
entre deux grandes puissances, et la paix
de l'Europe n'aurait pas été troublée.

Et que l'on ne vienne pas nous dire que
la guerre était inévitable, que l'épée de la
France semblait vouloir frapper le monde,
que les traités de 1815 étaient menacés.
La politique de Napoléon III, franche et
loyale, ne peut, en aucune façon, légitimer

de semblables doutes, de pareilles suppositions.

L'Allemagne craint, dit-on, que les idées de Napoléon III soient tendues vers la conquête? — Supposer de semblables intentions au gouvernement français, c'est être frappé d'une folie ridicule, causée par une cécité politique.

La France veut porter la liberté chez les peuples opprimés. Il y aurait donc une opposition complète dans la pensée et dans les actes de son gouvernement, car conquérir un peuple n'est pas lui apporter la liberté; l'Autriche en est un exemple en Italie.

Le doute n'est plus possible lorsqu'un gouvernement s'exprime en ces termes:

« Quand on ne veut que la justice, on ne craint pas la lumière. Le gouvernement français n'a rien à cacher, parce qu'il est sûr de n'avoir rien à désavouer. L'attitude qu'il a prise dans la question italienne, loin d'autoriser les défiances de l'esprit germanique, doit au contraire lui inspirer la plus grande sécurité. La France ne saurait attaquer en Allemagne ce qu'elle voudrait sauvegarder en Italie. Sa politique, qui désavoue toutes les idées de conquête, ne poursuit que les satisfactions et les garanties réclamées par le droit des gens, le bonheur des peuples et l'intérêt de l'Europe. En Allemagne comme en Italie, elle veut que les nationalités reconnues par les traités puissent se maintenir et même se fortifier, parce qu'elle les considère comme une des bases essentielles de l'ordre européen.

» Représenter la France comme hostile à la nationalité allemande n'est donc pas seulement une erreur, c'est un contre-sens. Le gouvernement de l'Empereur a toujours, depuis dix ans, employé sa part d'influence à aplanir les difficultés qui s'élèvent, et à les résoudre au point de vue de l'équité et de la justice. — En Espagne, il a constamment soutenu le trône constitutionnel de la reine, en exerçant une vigilance désintéressée sur les réfugiés que des révolutions successives avaient jetés sur nos frontières. — En Suisse, sa médiation officieuse a contribué à arranger l'affaire de Neuchâtel, qui pouvait amener des complications avec la Prusse. — En Italie même, sa sollicitude a devancé les difficultés actuelles, et, après avoir rétabli le pape dans son autorité, il n'a inspiré partout que des pensées de

modération. — A Naples, d'accord avec
son alliée la reine d'Angleterre, il a tenté
d'amener le gouvernement des Deux-
Siciles à des réformes qui l'auraient con-
solidé. — En Allemagne, dans la question
délicate qui s'était élevée entre la Confé-
dération et le Danemark à propos des du-
chés, il a compris, malgré ses sympathies
pour le Danemark, la juste susceptibilité
du patriotisme allemand pour des provinces qui tiennent au corps germanique
par tant de liens, et il n'a fait entendre à
Copenhague que des conseils de concilia-
tion.

» Dans les principautés danubiennes, il
s'est efforcé de faire triompher les vœux
légitimes de ces provinces pour assurer
aussi, dans cette partie de l'Europe, l'ordre
basé sur des intérêts nationaux satisfaits.

» La politique de la France ne saurait avoir deux poids et deux mesures ; elle pèse avec la même équité les intérêts de tous les peuples ; ce qu'elle veut faire respecter en Italie, elle saura le respecter elle-même en Allemagne. »

Aujourd'hui, dans sa proclamation, l'Empereur s'exprime ainsi :

« L'Autriche a amené les choses à cette extrémité, qu'il faut qu'elle domine jusqu'aux Alpes, ou que l'Italie soit libre jusqu'à l'Adriatique. — Je ne veux pas de conquêtes ; — Je respecte le territoire et les droits des puissances neutres. — Lorsque la France tire son épée, ce n'est point pour dominer, mais pour affranchir. Le but de cette guerre est donc de rendre l'Italie à elle-même et non de la faire changer de maître. »

Il faut, après cela, pour persister dans la politique belliqueuse de l'Autriche, avoir perdu tout sens moral. Il faut, comme le disait la première note du *Moniteur*, « que l'Autriche n'ait rien oublié ou rien appris depuis 1812. »

Par la *souscription universelle*, l'Europe érigée en tribunal universel, condamnera, par la voix de tous les peuples, une politique qui n'est plus dans les idées ni dans les mœurs du siècle.

L'Autriche, stigmatisée par la civilisation moderne, n'aura plus qu'à marcher franchement dans un ordre d'idées nouvelles, en changeant la politique de son gouvernement.

Dans la position où se trouve l'Europe,

c'est à l'Angleterre, à ce gouvernement
dont la constitution permet, dans les cir-
constances actuelles, toutes les manifes-
tions populaires, qu'échoit l'honneur de
prendre l'initiative de la *souscription universelle*, dont la mise en pratique peut,
seule, éclairer son gouvernement sur les
aspirations de son peuple.

C'est par la *souscription universelle*
que l'on pourra compter, dans le monde
entier, les partisans de la paix et de la
guerre. Plus qu'aucune nation, l'Angleterre
désire et a besoin de le savoir.

La question des armes, des combats et
victoires, n'est pas la pensée qui domine
le caractère de la majorité en Angleterre.
Il y a, avant tout, l'élément producteur,
industriel et commercial, qui fait de cette

puissance une des plus actives et des plus intelligentes de l'Europe.

Comme ce n'est pas avec la guerre, quel que soit le lieu où l'on peut espérer de la circonscrire, quel que soit le nombre de puissances qui y prendront part, que l'industrie et le commerce pourront trouver, pour leurs produits, un écoulement considérable et sûr, l'Angleterre ne peut et ne doit désirer qu'une chose, c'est de voir finir le plus tôt possible ce conflit en Europe.

Tous les moyens sont bons pour arriver à ce résultat, et l'idée de la *souscription universelle* sera, nous n'en avons aucun doute, accueillie par le gouvernement anglais avec toute l'importance qu'elle mérite.

Son exemple sera suivi par toutes les autres puissances de l'Europe ; car tous les gouvernements ont hâte de connaître, dans la prévision d'une crise générale, quels sont les éléments sur lesquels ils peuvent compter.

La France ne restera pas en arrière ; car elle sera heureuse, à son tour, de pouvoir apprécier l'étendue des sympathies qu'é-prouvent pour elle les peuples, qui sont ou qui ne sont pas gouvernés par des ins-titutions analogues.

Il y aura, dans l'accomplissement de ce fait, de grands enseignements pour les hommes politiques, qui règnent en Europe, et, peut-être, un grand bienfait pour l'hu-manité.

Paris. — Imprimerie de Dubuisson et Cᵒ, rue Coq Héron, 5.